AF311664

34962

# NOTICE

## SUR LA FABRICATION

## DU NOIR ANIMAL.

# Notice

## SUR LA FABRICATION

### DU

# NOIR ANIMAL,

*Par J.-S. Clemandot,*

MEMBRE DE PLUSIEURS SOCIÉTÉS SAVANTES, ET FABRICANT
DE SUCRE DE BETTERAVES, A BEAUMETZ,
PRÈS ARRAS (PAS-DE-CALAIS.)

**Paris,**

CHEZ M<sup>me</sup> V<sup>e</sup> HUZARD, LIBRAIRE,

RUE DE L'ÉPERON.

DÉCEMBRE 1832.

# Préface.

— • —

En publiant une notice sur le noir animal, j'ai voulu remplir une de ces lacunes
nombreuses qui se font sentir dans la chimie
manufacturière ; en effet, si les points les
plus élevés de la chimie générale ont été
étudiés par des hommes de génie, si des
difficultés qui paraissaient insurmontables
ont été vaincues par les travaux et les mé-
ditations de savans célèbres, si, en un mot,
cette science, éminemment utile et impor-

ij

tante, a atteint un degré de perfection tel qu'il semble désormais difficile d'en éloigner les limites, on doit convenir que la partie technologique, celle qui a pour objet les arts chimiques proprement dits, laisse encore beaucoup à désirer.

Les théories de ces arts, le sommaire des procédés qui y sont employés ont, il est vrai, été publiés ; mais il est rare qu'on trouve dans les livres ces détails minutieux, ces explications indispensables d'où dépend souvent le succès des opérations auxquelles on procède.

Pourquoi la pratique est-elle jugée si nécessaire pour réussir dans la plupart des arts manufacturiers ? C'est qu'en général ceux qui les ont décrits ne sont pas entrés dans des détails suffisans ; ou on ignorait ces détails, ou on dédaignait de les indiquer : quelquefois aussi le désir de garder des secrets dont on veut tirer exclusivement profit a apporté des entraves à ces publications ;

mais cette considération doit être étrangère à celui qui veut véritablement être utile : tel est au moins le but que je me suis proposé, et que je désire avoir atteint.

Que les hommes qui travaillent, qui manipulent, publient avec conscience et bonne foi ce qu'ils savent, (ces conditions sont plus indispensables que la science elle-même) et, de la réunion de toutes ces publications précieuses, ressortira un ouvrage d'une utilité incontestable, *un code manufacturier* fait par des manufacturiers.

# NOTICE

# SUR LE NOIR D'OS,

## OU

## NOIR ANIMAL.

Le noir animal ou noir d'os, joue un rôle important dans la fabrication et dans le raffinage du sucre. Sous ce rapport, il m'a paru mériter une attention toute spéciale, et dans l'intérêt particulier de la fabrication du sucre de betteraves, je me suis appliqué à réunir ici tout ce que l'on a dit de plus important sur cette substance décolorante, dont l'usage est aujourd'hui indispensable pour obtenir des sucres capables de soutenir la concurrence avec les sucres étrangers.

En livrant cette notice au public, mon dessein a été d'être utile aux fabricans, aussi me suis-je attaché uniquement à ce qu'il est indispensable de savoir sur cette matière. Les ouvrages techniques doivent être le plus courts possibles, et, suivant moi, l'on en a toujours dit assez quand on est parvenu à se faire entendre.

### HISTOIRE DU NOIR ANIMAL.

L'étude du noir ou charbon végétal, considéré comme substance décolorante, a précédé de plusieurs années celle du noir animal : *Lowitz*, chimiste de St.-Pétersbourg, annonça le premier, en 1791, que le charbon végétal, outre la propriété qu'il a d'enlever la mauvaise odeur aux matières animales en proie à la corruption, possède encore à un degré marqué la faculté d'agir sur la couleur des liquides qui sont soumis à son action.

Les publications de *Lowitz* fixèrent bientôt l'attention des chimistes. Ils répétèrent ses expériences, en reconnurent l'exacti-

tude, signalèrent l'importance de sa décou-
verte, et engagèrent les industriels à se hâ-
ter de la mettre en pratique. On ne tarda
pas à en éprouver les heureux effets. Plusieurs arts et notamment celui qui a pour
objet de raffiner le sucre obtinrent de grands
avantages du charbon végétal.

Cependant, en 1810, *M. Figuier*, phar-
macien à Montpellier, ayant fait, sous le
point de vue de la décoloration, des expériences comparatives avec le noir végétal
et le noir animal (noir d'os), s'aperçut que
celui-ci avait incontestablement des propriétés plus énergiques que le premier; il
rendit publics ses travaux, dès ce moment
on cessa d'employer le charbon végétal,
et le noir animal devint seul en crédit.
*M. Charles Derosne* fut le premier qui en
proposa l'usage spécial dans la fabrication
et le raffinage du sucre de betteraves, et
l'introduction de cet agent nouveau dans
ces deux genres d'industrie produisit les
plus heureux résultats.

Enfin, *MM. Bussy* et *Payen* donnèrent,
dans des mémoires qui remportèrent les
prix proposés par la société de pharmacie

de Paris, une théorie complète du mode d'action exercé par le noir animal mis en contact avec les matières colorantes ; théorie sur laquelle je reviendrai plus tard.

Je ne dois pas non plus oublier de mentionner les services importans que *M. Dumont* a rendu en indiquant, dans l'usage du noir animal, un mode plus rationel que celui adopté auparavant.

## FABRICATION DU NOIR ANIMAL.

Quoique les muscles, les tendons, la peau, etc., des animaux produisent, quand on les calcine à vaisseaux fermés, une matière charbonneuse, ce n'est point le noir animal retiré de ces substances que l'on fait servir à la fabrication du sucre. Le charbon qu'elles fournissent, bien que léger et d'un noir brillant, a pour caractère de conserver une si grande agrégation dans ses molécules, une telle compacité, qu'il est peu propre à se combiner avec les matières colorantes sur lesquelles on essaie de le faire agir. Le noir qu'on livre au commerce est confectionné avec les os. Voici le procédé employé à cet effet :

On a soin de débarrasser les os de toutes les parties charnues, de toutes les fibres qui y sont adhérentes, on les casse par petits morceaux longs d'un à deux décimètres, puis on les entasse dans des pots en fonte que l'on remplit complètement ; on les ferme avec leur couvercle, et après avoir *luté* (bouché) les joints avec de l'argile délayée, on place ces pots les uns sur les autres dans un four (1), de manière à ce qu'il y en ait le plus grand nombre possible ; alors on met le feu au fourneau.

Bientôt les matières graisseuses et organiques que les os contiennent encore, telles que la moëlle et la gélatine, s'échauffent ; quelques-uns de leurs principes se réduisent en vapeurs et s'échappent par les fissures qui se forment dans les joints.

Ces vapeurs ne tardent point à s'enflammer ; elles augmentent par leur combustion la chaleur que déjà le feu avait déterminée,

---

(1) On trouve à la fin de cette notice un dessin représentant des pots et un fourneau pour la fabrication du noir.

2

et accélèrent ainsi l'opération qui se termine ordinairement au bout de douze à quinze heures, ce que l'on reconnaît à la cessation de la flamme; alors on ouvre la porte du four.

Quand on juge que la température du four est abaissée au point de pouvoir la supporter, on retire les pots que l'on renverse pour en faire sortir les os qui, de blancs qu'ils étaient avant la calcination, sont devenus entièrement noirs. S'il s'en trouvait quelques-uns qui eussent échappé en partie à l'action du feu, ce que démontre avec exactitude leur couleur *blanc-roux*, il faudrait les séparer des autres pour les calciner de nouveau.

Il arrive aussi quelquefois que l'on rencontre des os *calcinés jusqu'au blanc*. Cette circonstance a lieu quand l'air pénètre dans les pots : une des parties constituantes de ce fluide (l'oxigène) se combine avec le carbone de la gélatine des os qu'il transforme en acide carbonique, et le fait disparaître complètement. Les os *blancs* doivent être soigneusement rejetés comme tout-à-fait impropres à la décoloration.

Voici ce qui arrive dans l'opération qui a pour objet la transformation des os en *noir animal.*

Les os sont composés de deux substances principales : 1° d'une *matière saline terreuse* (phosphate et carbonnate de chaux) qui n'éprouve presqu'aucune altération au feu ; 2° d'une *matière animale organisée* (gélatine), qui sert de réseau à la substance terreuse qu'elle enveloppe et maintient dans les formes diverses affectées aux différens os.

A une température élevée, les principes constitutifs de la gélatine réagissent les uns sur les autres, il en résulte d'une part, des composés volatils qui s'échappent par les fissures des joints, et se brûlent ; et d'une autre part, un corps fixe, l'oxide de carbone, ou matière noire, qui reste uni et mêlé intimement aux substances terreuses. C'est ce mélange qui constitue ce que l'on connaît dans le commerce sous le nom de noir animal.

La fabrication du noir animal, si l'on en croit les personnes qui se livrent à cette sorte d'industrie, présente peu d'avantages ;

aussi doit-on utiliser avec le plus grand soin tous les produits que donnent les os.

Ainsi, avant de soumettre ceux-ci à la calcination, on choisit ceux qui présentent quelques portions de graisse ou de moëlle, on les casse et on les fait bouillir dans de l'eau pendant quelques heures ; on laisse refroidir ensuite cette sorte de bouillon, et avec une écumoire, on enlève la graisse qui s'est amassée à sa surface.

Cette graisse, d'une consistance assez solide, est propre à divers usages : rendue demi-liquide par un peu d'huile d'œillette ou de colza, elle est employée avec succès pour graisser les engrénages : elle est moins coûteuse que l'huile de pieds de bœufs. Elle peut encore servir à faire du savon, de la chandelle, etc.

Dans les environs de Lille, où rien de ce qui peut servir aux engrais n'est perdu, on utilise le bouillon d'os en le jetant sur la terre qu'il fertilise d'une manière remarquable. Un fabricant de noir m'a dit que le bouillon d'os qu'il vendait, suffisait pour le défrayer du prix du charbon qu'il brûlait, et de la main - d'œuvre nécessaire pour obtenir la graisse. De cette façon, cette graisse ne lui coûtait rien ; cependant il en retirait 5 p. °⌊₀ qu'il pouvait vendre 80 c. le kilogramme, ce qui diminue d'autant la dépense nécessaire pour l'acquisition des os.

Les os soumis à la calcination pour les transformer en noir animal, perdent environ 40 p. °⌊₀ de leur poids. Les os de cuisine sont les plus estimés. Les os cylindriques et compactes, tels que ceux des cuisses, des jambes, valent mieux que les os de têtes et des autres parties des animaux. Ces derniers renferment assez ordinairement des cavités spongieuses plus ou moins considérables, aussi perdent-ils beaucoup de leur poids à la calcination.

Les vieux os qui ont été long-tems exposés à l'air, ou enfouis pendant de longues années dans la terre, sont impropres à la fabrication ; ils ont perdu la majeure partie de la gélatine qu'ils contenaient. On les reconnaît à leur aspect terne et rugueux : ils sont aussi plus légers que les os ordinaires.

Enfin, les dents des animaux ayant peu

ou point de gélatine, ne fournissent pas de noir animal, ce sont elles qui donnent lieu à ces parcelles blanches, opaques que l'on remarque dans le noir du commerce, car bien que les fabricans de noir n'ignorent point cette circonstance, ils ont soin de ne pas séparer les dents dont le poids, sur une grande fabrication, est considérable.

Nous avons déjà recommandé d'enlever avec soin toutes les parties charnues et fibreuses qui entourent les os, nous ne saurions trop nous appesantir sur ce point important : quand on néglige cette précaution, le noir d'os se trouve mélangé d'une assez grande quantité de noir brillant qui ne dé_colore presque plus, et qu'il est inutile de laisser avec le noir d'os proprement dit.

Le noir animal bien fait, doit avoir une couleur noir *matte* bien foncée. Quand cette couleur est d'un noir *roux*, elle est le signe que la calcination n'a pas été assez complète : les points blancs que l'on observe souvent dans le noir proviennent ou de ce que les dents n'ont point été séparées avec assez de soin, ou de ce qu'on y a laissé les os blanchis à la calcination par suite du peu de précaution qu'on aurait mis à boucher les joints des pots.

Je me proposais, pour compléter l'article de la fabrication du noir, d'indiquer le prix auquel revient cette matière décolorante, et pour étayer ce que j'en savais par moi-même, je voulais m'autoriser de l'expérience des fabricans de noir ; je suis contraint d'avouer que, malgré mes recherches, il m'a été impossible de recueillir des documens pour m'éclairer sur ce point. J'ai trouvé chez les fabricans à qui je me suis adressé, portes et bouches closes. Ces messieurs, il est vrai, prétendent que leurs bénéfices sont très minimes, néanmoins les mystères dont ils enveloppent leurs opérations tendent à faire croire tout le contraire, et cette réserve de leur part est, suivant moi, un motif de plus pour engager les fabricans de sucre de betteraves à se livrer à la fabrication du noir animal ; ils y trouveront certainement des avantages positifs. Le noir leur reviendra moins cher ; ceux qui ne sont pas voisins des fabriques de noir éviteront des transports onéreux, et puis, en calcinant eux-mêmes les os, ils pourront compter sur des qua-

lités toujours plus constantes et plus uni-
formes.

Au surplus, la fabrication du noir animal
n'est pas aussi difficile qu'on voudrait le faire
croire; quelques essais peu coûteux suffi-
ront, j'en suis persuadé , pour conduire
promptement à une perfection désirable.

## PULVÉRISATION DES OS CALCINÉS.

Les os sortant des creusets ont conservé
la forme qu'ils avaient avant la calcination;
il est nécessaire, pour qu'on puisse s'en servir, de les broyer, de les diviser convenablement; nous allons indiquer les moyens de
parvenir à ce but.

Les os , avant d'être calcinés, sont d'une
dureté remarquable; ils ne se divisent qu'a-
vec beaucoup de difficultés. Il n'en est pas
de même de ceux qui ont été soumis à l'action énergique du feu; ceux-ci sont très
friables et se cassent facilement. Cependant
pour les amener au point de division nécessaire pour la fabrication du sucre, il faut se
servir de machines assez fortes. Celle qui

me parait la plus convenable, consiste en une meule verticale en pierre que l'on fait tourner à l'aide d'un manège sur un bassin de même nature que la meule. On fait passer les os sous cette meule, et de tems en tems on ramasse le noir ainsi broyé. On enlève à la main les plus gros morceaux pour les passer de nouveau sur la meule ; et on jette le plus menu sur un tamis en toile métallique dont les mailles sont proportionnées à la grosseur du grain qu'on veut obtenir (1).

On peut remplacer les tamis par un blutoir dont le cylindre porte dans sa largeur des toiles à mailles de grosseurs différentes.

On se sert, si l'on veut, pour faire tourner le blutoir, du manège qui fait marcher la pierre à broyer les os.

Quelques fabricans de sucre de betteraves, jugeant qu'un appareil tel que celui que

---

(1) Le noir trop divisé rend quelquefois la filtration difficile, surtout s'il est mêlé en grande quantité dans le noir en grain, et si l'on opère sur des sirops fort troubles ; mais on surmontera cette difficulté en plaçant au fond des filtres, du noir bien dépouillé de poussière et en ne tassant que légèrement le noir que l'on met ensuite.

je viens d'indiquer est coûteux et embarrassant, ont cherché à le remplacer par un
moulin analogue à celui dans lequel on
broie le café, mais beaucoup plus fort.

On a remarqué que les os usent promptement les parties contre lesquelles ils sont
froissés ; cependant on voit encore de ces
moulins dans un bon nombre de fabriques,
bien que chaque fabrique de sucre possède
un manège qu'il peut utiliser lorsque la fabrication de sucre est terminée.

Le noir animal, le meilleur pour la fabrication du sucre de betteraves, doit se présenter sous la forme d'une poudre grossière
pareille à la poudre de munition ; il ne faut
pas qu'il soit mêlé de poussière trop fine ni
de parcelles mal broyées et trop volumi-
neuses.

----

## PRÉPARATION DU NOIR ANIMAL
### POUR AUGMENTER SES PROPRIÉTÉS DÉCOLORANTES.

J'ai dit que le noir d'os était celui qui
avait le plus de propriétés décolorantes ; il
est nécessaire d'en indiquer les raisons pour

bien concevoir l'opération que je décrirai plus bas.

Les parties molles des animaux donnent un charbon plus pur que le charbon d'os, cependant il est moins décolorant : cela provient de ce que rien ne divise les molécules de ce charbon ; rien ne les dispose à s'unir au principe colorant, ni à l'attirer à elles. Il semble que ces molécules charbonneuses, resserrées les unes par les autres, empêchent, à cause de leur attraction réciproque, toute action sur les corps qui les environnent (1).

Dans le charbon d'os, au contraire, les choses sont disposées tout autrement : le carbone qui provient de la décomposition, de la gélatine dans la calcination, est divisé

______

(1) Le noir animal n'est pas la seule substance parmi les agens décolorans, chez laquelle l'agrégation compacte soit un obstacle à la décoloration : l'alumine, dont on connait la tendance à se combiner avec les matières colorantes, ne possède cette propriété que lorsqu'elle est extrèmement divisée, qu'elle est à l'état de gelée. Dans ce cas, une grande quantité d'eau divise tellement ses molécules qu'elle développe et détermine leur action. Quand l'alumine n'est plus soumise à cette division extrème, quelque bien pulvérisée qu'elle soit d'ailleurs, elle ne contracte plus aucune union, je dis aucune avec les principes colorans. Ses propriétés, sous ce rapport, deviennent absolument nulles.

par l'interposition du phosphate de chaux
et devient, par cette circonstance , très propre à la décoloration, parce que cette attraction moléculaire du carbone pour lui-même
n'a plus lieu, et qu'il est enfin dans des circonstances favorables pour attirer le principe colorant et s'y unir. Cependant si l'on
examine la contexture serrée des os , on
voit facilement que le noir qu'ils fournissent
à la calcination, doit être lui-même fort
compact et que son action n'a peut-être pas
toute l'énergie qu'on pourrait désirer. Cette
considération m'a conduit à traiter le noir
par un agent propre en quelque sorte, à
ouvrir ses pores , à débarrasser le carbone
des espèces d'obstacles dans lesquels il est
engagé.

Pour parvenir à ce but, voici le procédé
qu'il faut suivre : on verse dans une cuvelle
en bois, pouvant contenir trois hectolitres,
un hectolitre d'eau ; on mêle à cette eau, à
l'aide d'un *mouveron* en bois, dix kilogrammes d'acide hydrochlorique (acide muriatique); on répand dans ce mélange acide,
en ayant soin de remuer continuellement,
cent kilogrammes de noir animal ; on laisse

tremper le tout pendant quarante-huit heures, en donnant quatre à cinq fois par jour plusieurs coups de mouveron; alors on jette comme inutile le liquide qui surnage au-dessus du noir; on place celui-ci dans les filtres de Dumont ou des cuvelles disposées d'une manière analogue, et l'on verse dessus de l'eau claire jusqu'à ce qu'elle passe *absolument sans aucun goût*. Deux hectolitres et demi à trois hectolitres d'eau sont nécessaires pour laver cent kilogrammes de noir. Lorsqu'il est bien égouté, on le fait sécher en l'étendant en couches minces dans un endroit chaud et aéré, pour s'en servir ensuite au besoin.

Dans cette opération, l'acide hydroclorique dissout du phosphate et du carbonate de chaux, il donne de la porosité au noir, et il augmente son action décolorante de telle sorte qu'avec cent parties de ce noir ainsi préparé on peut décolorer au moins autant de sirop qu'avec deux cents parties de noir non préparé : il y a donc un avantage réel à faire usage du procédé que j'indique, qui, sans avoir rien de fort embarrassant, n'augmente pas de beaucoup le prix du noir, eu égard aux avantages qu'il présente, car si 100 kilogrammes de noir ordinaire coûtent 20 fr.; 90 kilogrammes de noir préparé coûteront savoir :

100 kil. noir ordinaire . . . . . . . 20 f.
10 kil. d'acide hydrochlorique . 2
Main-d'œuvre. . . . . . . . . . 1
_______
23 f.

Ou les 100 kil. 25 f. 50 c.

C'est donc un peu plus d'un cinquième d'augmentation sur le prix du noir pour avoir une économie de moitié sur la quantité de noir à employer.

Un autre avantage qui n'échappera sûrement point aux fabricans, c'est que moins on emploie de noir, à résultats égaux, et mieux l'on s'en trouve : les lavages des noirs qui ont servi sont moins embarrassans, et il y a toujours une moins grande quantité de sirop perdu.

J'ai fait le calcul *de revient* du noir préparé, sur 90 kilogrammes, parce que quand on fait agir, dans les proportions que j'ai indiquées, l'acide hydrochlorique sur le noir, il y a une diminution de 10 pour .1° dans la quantité du noir employé ; cela provient de ce que l'acide hydrochlorique dissout un poids égal au sien de phosphate et de carbonate de chaux. Mais pour vérifier ces faits et les trouver exacts, il est nécessaire de faire sécher complètement, et à l'égal du noir neuf, le noir préparé, car tout en ayant l'aspect d'un noir sec, il peut contenir encore 10 pour ₀1° de son poids d'eau. C'est pour cela que quand on achète dans le commerce du noir préparé, il faut s'assurer s'il ne perd pas de son poids à la dessication ; par ce moyen on saura apprécier la quantité d'eau qu'il contient encore.

Au moment de l'immersion du noir dans l'eau acidulée, on voit que le mélange se boursouffle ; il se dégage une odeur désagréable et fétide qui deviendrait nuisible si elle était renfermée dans un endroit clos : il est donc convenable d'opérer en plein air, ou tout au moins dans un local où l'on puisse établir un courant d'air.

Les gaz ou airs qui s'exhalent durant l'opération, sont un mélange d'acide carbo-

nique et d'acide hydrosulfurique (hydro-
gène sulfuré.)

------

## DE LA MANIÈRE DONT LE NOIR AGIT SUR LES MATIÈRES DÉCOLORANTES.

Quoique l'objet que j'ai à traiter dans ce
paragraphe soit plus du ressort de la fabrication du sucre que de celui de la fabrication du noir proprement dite, je demande
qu'on me permette cette digression en fa-
veur de l'utilité que l'on peut en retirer.

Il est assez singulier qu'on ait conseillé,
pour décolorer certaines substances, l'emploi d'un corps complètement noir; cependant ce fait ayant été annoncé et vérifié, il
fallut bien se rendre à l'évidence. Mais
comment agissait ce noir? Voilà ce qu'on a
ignoré long-tems. Quelques chimistes lui
avaient bien supposé une attraction parti-
culière du principe colorant, comme elle
existe dans l'alumine; mais cette propriété
ainsi que quelques autres inhérentes au
noir, n'ont été bien étudiées et démontrées
que depuis quelques années, par les expé-

riences aussi savantes qu'ingénieuses, publiées par *MM. Bussy* et *Payen.*

Lorsqu'on met en contact, avec les circonstances favorables à la décoloration, un sirop formé de sucre coloré et d'eau, la matière colorante de ce sirop se combine d'une manière très intime au noir animal ; l'espèce de substance gommeuse qui accompagne toujours les sucres communs, s'attache également au noir. La saveur du sirop est plus agréable, et, si le noir a été employé en assez grande quantité, la décoloration est complète.

Dans cette opération, le noir a contracté avec la matière colorante une véritable combinaison chimique, et il n'y a que des moyens chimiques assez puissans, ou l'action énergique d'une chaleur portée jusqu'au rouge, qui puissent détruire cette combinaison.

Quant à la substance gommeuse, elle s'attache simplement d'une manière mécanique au noir, aussi suffit-il de le laver plusieurs fois avec de l'eau, pour l'en débarrasser.

Si, au lieu d'opérer sur un sirop simple;

4

comme dans le cas que je viens d'indiquer, on veut décolorer du sirop de
betteraves, qui provient d'une défécation
à la chaux seulement, ( et c'est l'espèce
de défécation qui est aujourd'hui presque
exclusivement adoptée ), outre les matières colorantes et gommeuses qui sont dissoutes dans les sirops, il s'y trouve encore
une quantité plus ou moins considérable
de chaux (1) qui donne au sirop des propriétés alcalines très marquées. (2)

---

(1) Si l'on fait passer un courant de gaz acide carbonique
dans du jus défécqué de betteraves, il se forme un précipité de
carbonate de chaux dont le poids indique que chaque hectolitre
de jus contient encore 55 grammes de chaux.

Si l'on répète cette opération sur du jus défécqué et filtré à
travers du noir, on ne trouve plus que la moitié de la chaux
obtenue dans la première opération.

Enfin du jus défécqué et filtré à travers le noir, amené à
l'état de sirop, et passé sur du nouveau noir ne donne plus
que de traces presqu'insignifiantes de chaux.

Il faut conclure de tout ceci, non seulement que le noir
animal a la propriété d'enlever la chaux aux liquides sur lesquels
on le fait agir, comme l'a remarqué le premier M. Payen,
mais qu'il est indispensable de faire usage de l'acide hydrochlorique, après que le noir a été calciné, si l'on veut lui rendre
toutes ses propriétés.

(2) J'ai cru long-tems que la potasse se trouvaîtdans les sirops de betteraves ; j'expliquais même par la présence de cet

Le noir a heureusement la faculté d'attirer cette substance alcaline avec laquelle il se combine intimement, et cette faculté qui anéantit son action sur le sucre, est d'autant plus précieuse qu'on peut se passer maintenant, lors de sa fabrication, d'acide sulfurique dont l'usage, bien qu'il présente de graves inconvéniens, était inévitable avant qu'on employât le noir en aussi grande quantité qu'on le fait aujourd'hui.

Il résulte de ce qui précède, que le noir animal possède trois propriétés très précieuses, et qu'on chercherait vainement réunies dans toute autre substance, savoir : 1° d'enlever le principe colorant aux sirops colorés, 2° de dépouiller ces mêmes sirops du mucilage ou matière gommeuse qui nuit à la facile cristallisation du sucre, 3° enfin de se combiner à la chaux que contient toujours le sirop de betteraves, et dont la présence est si gênante quand il s'agit de procéder à la cuite.

---

alcali beaucoup de phénomènes que l'on remarque dans la fabrication du sucre : un examen plus attentif m'a appris que j'étais dans l'erreur à cet égard.

Ces avantages que n'ignorent point les fabricans de sucre ont conduit à la nécessité d'employer une grande quantité de noir, de telle sorte que les os auraient manqué pour sa fabrication, et que la disette de cet agent décolorant n'aurait point tardé à se faire sentir, si l'on n'eût songé à révivifier le noir, c'est-à-dire à rendre à celui qui a servi, ses propriétés primitives.

Nous verrons que cette révivification demande des moyens différens, selon qu'on agit sur du noir qui a décoloré de simples sirops formés de sucre et d'eau, ou des sirops alcalins de betteraves.

---

## RÉVIVIFICATION DU NOIR ANIMAL.

Quand on s'est bien rendu compte de la manière dont le noir animal agit sur les sirops colorés, on est aisément conduit aux procédés qu'il convient de suivre pour opérer sa révivification.

Le noir animal qui a servi contient toujours un principe colorant, une matière mucilagineuse, et dans certaines circonstances que nous avons indiquées, de la chaux.

L'eau passée en assez grande quantité sur du noir peut enlever tout le mucilage ; une forte calcination détruira en le décomposant le principe colorant ; enfin en faisant tremper le noir dans une eau acidulée par l'acide hydrochlorique (acide muriatique), on débarrassera le noir de la chaux avec laquelle il est combiné. Telles sont les règles que la théorie indique et qu'il faut suivre, et c'est en les observant avec ponctualité qu'on arrivera à de bons résultats.

L'orsqu'on veut révivifier du noir, il faut d'abord le laver (1) en faisant passer dessus une assez grande quantité d'eau jusqu'à ce

---

(1) Cette opération de laver le noir doit se faire au fur et à mesure qu'on enlève de dedans les filtres le noir qui a servi ; pour cela on a quelques mauvais tonneaux dont on a enlevé un des fonds, l'autre fond est percé d'une grande quantité de trous, puis recouvert d'une toile pas trop serrée, que l'on fixe au moyen de clous sur les parois du tonneau. On jette sur cette toile le noir qu'on veut laver, puis on verse dessus la quantité d'eau nécessaire.

Le noir qui a servi et qu'on a abandonné pendant plusieurs mois, n'a pas besoin d'être lavé ; il s'opère en lui une fermentation spontannée qui détruit tout ce qui lui est étranger, *excepté le principe colorant et la chaux, s'il en contient.*

qu'elle sorte à peu près sans couleur ; on fait ensuite égouter le noir le plus possible, puis on le place sur un séchoir pour lui faire perdre *absolument* toute son humidité.

Dans cette opération préparatoire, l'eau a débarrassé le noir de toutes les matières mucilagineuses et sucrées dont il pouvait être imprégné. La calcination qui est la seconde opération que l'on doit faire subir au noir, pourrait bien détruire le mucilage et le sucre, mais je ferai observer qu'à la calcination, ces matières fournissent au noir animal une assez grande quantité de charbon végétal, de noir brillant, impropre à la décoloration. Il vaut donc mieux laver le noir que l'on veut calciner.

Après avoir lavé le noir et l'avoir fait sécher, il faut lui enlever le principe colorant, et dans ce but, il est nécessaire de recourir à l'action énergique de la calcination ; mais cette opération ne suffirait pas si on ne l'aidait par des circonstances accessoires qui tendent à déterminer ses effets.

Le noir animal est une matière assez pesante et dont les molécules s'entassent lourdement les unes sur les autres : on remarque aussi qu'il est peu conducteur de la chaleur, c'est-à-dire que ses parties chauffées, même fortement, cèdent difficilement aux parties qui les avoisinent la chaleur dont elles sont pénétrées. Par exemple si l'on place un creuset d'une certaine capacité, rempli de noir, au milieu d'un feu assez ardent, les couches qui toucheront aux parois du creuset seront chauffées, mais les couches intérieures ne le seront que médiocrement, parce que les couches intermédiaires entre les parois du creuset et celles intérieures s'opposeront à la transmission du calorique de sorte que si le noir soumis à l'expérience contient un principe colorant celui-ci ne sera nullement décomposé par l'action du feu.

Ces considérations ont dû diriger les premiers révivificateurs du noir, au moins est-on porté à le penser d'après les procédés mis en usage pour opérer cette révivification.

Deux méthodes sont pratiquées à cet effet : dans l'une on se sert d'instrumens au moyen desquels on peut imprimer au noir, pendant la calcination, un mouvement de rotation qui, en changeant souvent les surfaces chauffées, permet au calorique d'atteindre toutes les molécules du noir. C'est la révivification par les cylindres.

Dans l'autre méthode, on place dans le noir certains corps étrangers qui sans altérer sa nature, le divisent, le soulèvent et permettent à la chaleur de le pénétrer jusques dans ses points les plus intérieurs. C'est la révivification dans les creusets par l'interposition des os.

Nous allons entrer dans les détails que comportent l'une et l'autre méthode.



Ce mode de révivification consiste à mettre le noir dans des cylindres en fonte semblables quant à la forme à ceux dans lesquels on brûle le café ; à placer ces cylindres dans un fourneau ; à les chauffer fortement, et à les retirer après trois ou quatre heures de calcination, pour les remplacer par d'autres cylindres. Durant l'opération il est nécessaire d'imprimer à plusieurs reprises aux cylindres un mouvement de rotation pour changer les surfaces du noir, ce que l'on répète toutes les 20 à 25 minutes.

Plusieurs inconvéniens accompagnent

cette méthode : on use une trop grande quantité de combustible, et les alternatives de chaud et de froid, de sécheresse et d'humidité qu'éprouvent les cylindres, les font souvent casser et obligent à les renouveler, ce qui entraîne à des frais considérables. Je me suis servi long-tems de ce procédé de révivification, et c'est précisément parce que j'ai été à même d'en observer tous les inconvéniens que je conseille de l'abandonner.

Pour éviter la fracture des cylindres, on pourrait essayer de les construire en forte tôle; ce changement serait avantageux, mais il est assez dispendieux, et cela n'empêche pas la consommation d'une assez grande quantité de combustible et une main-d'œuvre très coûteuse.

On prend des os que l'on nettoie et que l'on casse comme s'il s'agissait de faire du noir neuf; on en place une couche au fond des creusets ou pots de fer; on verse sur cette couche d'os, une couche assez épaisse de noir à révivifier; on continue à remplir de cette façon les creusets, en mettant des couches alternatives d'os et de noir et en finissant par ce dernier; on place les creu-

Révivification du noir par l'interposition des os.

sets ainsi disposés dans le four, après toute fois avoir bouché les joints avec de l'argile, et on allume le feu. Lorsque les vapeurs ont cessé de brûler, que l'incandescence (1) des vaisseaux a été générale, on laisse éteindre le feu, et on retire les pots lorsque la chaleur du four devient supportable. On vide les creusets, on sépare le noir en grain des os, et l'on porte ceux-ci sous la meule à broyer.

Le noir placé dans les circonstances que je viens d'indiquer, éprouve une chaleur considérable et certainement toute la matière colorante qu'il avait attirée à lui est détruite.

Un fabricant de noir qui a un grand débit n'éprouve aucune difficulté à révivifier le noir par l'interposition des os, et nous verrons plus bas que les dépenses que lui occasione cette opération sont presque nulles.

Il n'en est pas ainsi pour le fabricant de sucre chez qui la révivification et la fabri-

______

(1) On appelle incandescence l'état d'un corps pénétré par le feu de manière à devenir d'un rouge presque blanc.

cation du noir ne doivent être que des accessoires. En effet, qu'arriverait-il au fabricant de sucre qui voudrait suivre la méthode des fabricans de noir, c'est-à-dire mêler une grande quantité d'os au noir qu'il se proposerait de révivifier ? Ces os calcinés en même temps que le noir, seraient pulvérisés, et mêlés au noir qu'ils auraient servi à révivifier, et ils en augmenteraient la quantité au point qu'elle dépasserait de beaucoup les besoins du fabricant qui finirait par être obligé de se mettre lui-même marchand de noir; circonstance qu'il faut éviter puisque, suivant moi, un fabricant de sucre ne doit acheter ni vendre du noir, mais se contenter de le fabriquer pour ses seuls besoins, or, pour arriver à ce résultat il faut que quand un fabricant de sucre est suffisamment approvisionné de noir, il puisse le révivifier sans en augmenter la quantité, avec économie, mais en lui donnant, toutefois, les qualités désirables.

Ne peut-il pas encore se présenter une autre circonstance ? Si les os deviennent rares et que leur prix soit trop élevé, n'est-il pas avantageux de pouvoir s'en passer jusqu'à ce que les circonstances soient plus favorables ? Je pense qu'on remplira toutes ces conditions par la méthode suivante :

On prend du bois de hêtre, de charme ou d'orme bien sec ; on le scie en morceaux de 27 centimètres environ ( 10 pouces ) de longueur, que l'on fend pour leur donner une épaisseur de 54 millimètres (2 pouces) environ ; on place ces petits morceaux de bois au fond des pots ou creusets destinés à recevoir le noir et on les dispose de manière à ce qu'ils soient légérement placés les uns sur les autres pour qu'ils laissent entre eux le plus d'intervalle possible ; quand on a ainsi arrangé une douzaine de morceaux de bois dans chaque pot, on l'emplit de noir, puis on procède à la calcination.

Les détails dans lesquels je vais entrer, touchant cette opération, pourront guider, à quelques modifications près que j'indiquerai, dans tout ce qu'il y a à observer dans des calcinations analogues telle que celle qui a pour objet la transformation des os en noir animal, et celle à laquelle on a recours pour révivifier le noir par l'interposition des os.

Nous supposerons donc qu'on fera usage du four que représente le dessin qui est à la fin de cette notice.

Ce four peut contenir soixante pots de la forme de ceux que l'on voit dans le dessin. Leur hauteur est de 28 centimètres, leur diamètre dans la partie la plus large de 37 centimètres; à leur ouverture ils ont 28 centimètres (un peu plus de 10 pouces); ils contiennent, outre le bois, 20 à 22 kilogrammes de noir.

Lorsque tous les pots sont remplis de noir, on en place une rangée tout au tour des parois du four, excepté vis-à-vis la porte; sur cette première rangée on en met une autre, et quand ces deuxièmes pots sont ainsi disposés, on bouche avec soin et au moyen d'argile délayée, toutes les ouvertures qui existent à l'endroit où se réunissent les pots. On continue à les superposer ainsi jusqu'à ce qu'on n'en puisse plus placer. Chaque pot de la rangée supérieure doit être soigneusement fermé avec un couvercle, et bouché d'argile.

Entre les pots ou creusets il faut placer des morceaux de bois à brûler assez secs, de grosseur et de longeur variables. On suit pour remplir le four exactement les mêmes indications que j'ai indiquées pour la première rangée des pots, en ayant toujours soin de mettre dans les intervalles quelques morceaux de bois.

Lorsque tout est ainsi disposé, on bouche la porte avec des briques et de l'argile, puis on allume le feu dans le fourneau.

Cinq heures environ après que le feu du *fourneau* a commencé à brûler, le bois que l'on a mis dans le *four* s'allume; les pots deviennent rouges, et l'on remarque des flammes assez abondantes sortir par les joints. On entretient les choses en cet état pendant cinq heures encore, en mettant de tems en tems du charbon dans le *fourneau*, deux ou trois heures après, c'est-à-dire treize heures après que l'opération a commencé, on débouche la porte du *four*, et lorsqu'enfin il est possible d'y pénétrer, ce qui arrive au bout de neuf à dix heures, on retire les creusets pour les remplacer aussitôt par une nouvelle fournée de pots disposés d'avance.

On laisse refroidir encore pendant quel-

que tems les pots sortis du four, puis on
jette ce qu'ils contiennent sur une passoire
de fer percée de trous de quelques centimètres de diamètre. Le noir animal passe au
travers des trous; le bois que l'on avait mis
dans les creusets et qui est alors transformé
en charbon reste tout entier sur la passoire.

Ce charbon est d'une excellente qualité
et peut servir à tous les usages auxquels on
emploie le charbon de bois; il est d'ailleurs
tout à fait exempt de fumerons, si la calcination a été poussée au point convenable.

Une opération faite sur les proportions
que j'ai indiquées consommera moins de
deux hectolitres de charbon de terre, et environ une quinzaine de bûches de la grosseur du bras sur 40 centimètres de hauteur.

Il faut en outre environ deux hectolitres
de petits bois (1) pour placer dans les

---

(1) Le bois interposé dans le noir animal, s'il a été mis à-
peu-près sec, perd, en passant à une carbonisation complète,
les 4|5ᵉ de son poids : son volume diminue seulement de
deux cinquièmes.

Si les douze petits morceaux de bois que l'on met dans un
pot pèsent 1250 grammes (environ 40 onces), ces 1250 grammes tiendront exactement la place de 1250 grammes de noir

pots. Une journée d'homme suffit pour faire tout ce qui est nécessaire.

Pour être juste, il faut encore ajouter les frais d'entretien et d'usure du *four* et du *fourneau*, et la fracture des pots. L'expérience me manque pour fournir à cet égard des données certaines. Je n'en crois pas moins très avantageuse l'opération dont je parle, et qui fournit toujours près de 1200 à 1400 kilogrammes de noir révivifié.

Le bois placé dans l'intérieur des pots joue un rôle important ; il soulève le noir et empêche que ses molécules ne se tassent les unes sur les autres ; les vapeurs qui sortent du bois par l'effet de la chaleur, divisent le noir au travers duquel elles sont obligées de passer, et ces mêmes vapeurs s'enflammant aussitôt qu'elles arrivent dans le four augmentent la force du feu.

Le bois a un avantage sur les os qu'il est bon de signaler, c'est qu'il ne répand aucune mauvaise odeur au commencement de l'o-

---

sec. Le noir animal perd 6 pour °|₀ de son poids à la révivification ; on doit attribuer cette perte en grande partie à de l'humidité qu'il contient encore quoi qu'il paraisse sec quand on le met dans les pots.

pération et qu'on peut procéder à cette révivification en tout lieu, sans incommoder
personne.

Dans la fabrication du noir, où des os
seuls doivent remplir les creusets, il est
évident que ces os donnent lieu à une
masse énorme de gaz ou vapeurs inflamma-
bles, la quantité de combustible pour déterminer le dégagement de ces vapeurs et
leur inflammation, doit être dans ce cas peu
considérable; l'application du bois en dehors des pots dans le four serait donc tout-
à-fait superflue. Mais elle est indispensable
dans la révivification par l'interposition du
bois, parce que les vapeurs que donne
celui-ci, vu le peu qu'on en emploie, ne fournissent point autant de chaleur.

L'emploi du bois appliqué en dehors des
pots serait nécessaire dans la révivification
du noir par l'interposition des os, seulement dans le cas où ceux-ci auraient été
mis en petite quantité.

Pour connaître si la calcination du noir
est bien complète, il faut examiner les os
ou les morceaux de bois qu'on y a inter-
posés, et voir s'ils sont eux mêmes suffi-

samment calcinés. Si l'on en trouvait beaucoup qui ne présentassent pas une couleur
noire bien prononcée à leur surface et dans
leur cassure, il faudrait en conclure que le
combustible n'a pas été employé en assez
grande quantité, et il serait indispensable
de l'augmenter à la calcination suivante.

On se rappelle que nous avons dit que le
noir révivifié par la calcination, pouvait se
présenter sous deux états différens, suivant
les usages auxquels il avait été soumis. Si
l'on a révivifié du noir qui a servi à décolorer des sirops simples et que la calcination
ait été bien complète, le noir aura toutes
les qualités d'un noir qui n'a jamais servi,
et décolorera tout aussi bien.

Si, au contraire, on a révivifié du noir sur
lequel on a passé du sirop de betteraves al-
calin, c'est-à-dire qui contient de la chaux,
la combinaison qui existe entre lui et cette
substance, le rend peu propre à la décoloration, et suivant moi il est *indispensable*
de le passer à l'acide hydrochlorique, ainsi
que je l'ai dit en enseignant le procédé qui
a pour objet d'augmenter les propriétés décolorantes du noir animal; et je renvoie

à ce paragraphe en faisant observer toutefois qu'au lieu d'employer 10 p. °$/_0$ d'acide, il n'en faut mettre que 3 p. °$/_0$.

Dans cette opération, l'acide enlève au noir toutes la matière alcaline qu'il pouvait contenir, et lui rend ses propriétés décolorantes à un degré très marqué.

On peut révivifier le noir animal autant de fois que l'on voudra ; si l'opération a été bien faite, le noir sera toujours bon.

Certainement il suffit de détruire la matière colorante qui est unie au noir lorsqu'il a servi, pour lui rendre ses propriétés ; mais la calcination à laquelle on a recours à cet effet, est une opération dispendieuse à cause des appareils qu'elle nécessite. Cette considération établie, on a cherché une méthode plus facile d'arriver au même but, et quelques personnes ont proposé de soumettre le noir à la fermentation ; alors, disait-on, la matière colorante sera décomposée, et nul doute que le noir ne reprenne de nouveau toutes ses qualités. Mais si, au premier apperçu, ce mode d'opérer présente quelques chances de succès, on voit bientôt avec quelque réflexion, qu'il faut peu y compter.

La fermentation détruira bien le sucre et la matière mucilagineuse (1) qui sont appliqués simplement à la surface du noir, mais il n'en sera pas de même du principe colorant. Il s'est opéré entre lui et le noir une alliance intime, et les effets de la fermentation ne sont point assez puissans pour la détruire ; il ne faut rien moins, pour cela, que l'action énergique d'un feu violent.

Enfin, j'avais pensé qu'on pouvait revivifier le noir en le traitant alternativement par la potasse caustique et par l'acide hydrochlorique ; j'ai abandonné ce procédé. Il rend bien au noir qui a servi ses propriétés

---

(1) M. Crespel, fils de M. Crespel Dellisse, a mis à profit cette propriété de la fermentation de détruire le mucilage, pour nettoyer les sacs qui servent à l'extraction du suc de betteraves, et que les ouvriers appellent *sacs gras*. Il les plonge dans un liquide composé de mélasse et d'eau marquant 8 à 10 degrés à l'aréomètre ; il laisse fermenter dans un endroit chaud pendant quelques jours, et la *graisse* (le mucilage) est détruit : il suffit de laver les sacs dans de l'eau pour les avoir parfaitement *dégraissés*.

Quoique je n'aie pas obtenu l'autorisation de publier cette note, comme l'observation qu'elle signale est fort ingénieuse et peut servir aux fabricans de sucre, j'ai cru pouvoir le faire sans déplaire au jeune industriel qui a su l'utiliser.

décolorantes, mais il est embarrassant et trop dispendieux.

---

## NOIRS FACTICES.

Les services que rend le noir animal à la fabrication du sucre, ont été appréciés depuis long-tems ; depuis long-tems aussi l'on sentait la nécessité de l'appliquer en grande quantité, mais dans cette occasion on avait à supporter des dépenses considérables, et on craignait que la matière première, les os, ne manquassent pour le confectionner. De là l'idée de faire des noirs factices. On fit cette question : Qu'est-ce que du noir animal ? Ce n'est autre chose que du carbone ( oxide de carbone ) extrêmement divisé par la matière salino terreuse inhérente aux os; il ne serait donc pas difficile d'imiter cette sorte de composition. On tenta divers essais pour arriver à ce but : les uns mêlerent le mieux possible à de l'argile, une certaine quantité d'huile de colzat ou de mélasse, puis ils calcinèrent comme on

le fait pour les os, dans des vaisseaux clos
cette sorte de pâte qui résulte du mélange
de ces subtsances, mais les noirs qu'ils obtinrent furent loin de produire les bons effets qu'ils s'en étaient promis.

D'autres, se croyant plus habiles, au lieu
de mêler à l'argile des substances végétales,
se servirent de sang, de solution aqueuse
de gélatine ( colle forte ) : leurs efforts ne
furent pas couronnés de plus de succès et
cela devait être. Dans les os, la gélatine,
qui seul produit le noir, est combinée d'une
manière excessivement divisée avec la matière terreuse; chaque atome pour ainsi dire
de gélatine est séparé d'un autre atome de
même nature, par une particule insaisis-
sable de matière terreuse, et ces conditions
sont, à ce qu'il parait, nécessaires pour obtenir un noir décolorant. Mais dans l'imita-
tion qu'on a voulu en faire, le mélange est
trop grossier et s'éloigne trop de cette interposition intime qui existe dans les principes
qui constituent les os. Aussi les tentatives
faites à cette occasion demeurèrent toutes
sans fruit, et furent abandonnées, sans cependant perdre de vue combien il était

essentiel de trouver un moyen qui mit à même d'employer le noir en grande quantité. On pensa qu'il serait plus rationel et plus sûr d'essayer sa révivification, et les détails assez étendus dans lesquels je suis entré touchant cette opération, démontrent assez que je la considère comme fort importante pour les fabricans de sucre.

Je ne dirai rien de ces substances auxquelles certains fabricans attribuent mal à propos des propriétés décolorantes, telles que les braises étouffées de la houille ou du bois; elles peuvent bien enlever aux sirops que l'on filtre dessus, les matières non dissoutes qu'ils portent avec eux, mais elles n'ont aucune action sur le principe colorant dont on cherche à les dépouiller.

## QUELQUES RÉFLEXIONS SUR LA MANIÈRE
### D'APPRÉCIER LA QUALITÉ DES NOIRS.

Il n'est pas rare d'entendre les fabricans de sucre se plaindre des qualités du noir qui leur est fourni; mais quand des reproches sont adressés aux fabricans de noir, ceux-ci ne manquent pas de faire l'éloge de leur marchandise, et de rejeter sur le peu de soin des fabricans de sucre, ou sur quelques défauts naturels à la fabrication, tous les inconvéniens dont on se plaint.

Il peut y avoir du vrai des deux côtés.

Si le noir est mal disposé dans les filtres, si les sirops que l'on verse dessus contiennent beaucoup de muqueux, ou sont fort alcalins, quelle que soit d'ailleurs la bonne qualité du noir, on éprouvera, dans les circonstances dont nous parlons, peu d'effet décolorant de ce noir, et, pour être juste, il faut que le fabricant de sucre ait la bonne foi de tenir compte de ces circonstances.

Mais les fabricans de noir sont-ils toujours exempts de reproches? Ne leur arrive t-il pas quelquefois de livrer des noirs révivifiés qu'ils mêlent de noir neuf? Ces noirs qui ont servi ont-ils toujours été calcinés aussi complètement qu'il est nécessaire de le faire? Nous n'entreprendrons point de résoudre toutes ces questions, nous nous bornerons seulement à indiquer les moyens que les fabricans de sucre peuvent employer pour apprécier la qualité du noir animal.

Cent parties de noir animal, quand il est de bonne qualité, se composent généralement de 90 parties de matière *salino-terreuse*, et de 10 parties de *matière noire* ou *charbonneuse*. Ces proportions peuvent varier d'un à deux centièmes, mais pas plus. Pour s'assurer que ces proportions existent, il suffit d'avoir recours au procédé suivant :

On introduit dans une fiole à médecine 10 grammes du noir animal en poudre très fine, qu'on veut analyser; on verse dessus 30 grammes d'eau et 10 grammes d'acide nitrique (eau forte); on pose la fiole sur une légère couche de sable déposée dans une cuiller de fer ou sur une pelle; on place le tout au dessus d'un feu assez ardent pour faire bouillir le liquide; après un quart d'heure d'ébullition, on retire la fiole du feu et l'on verse le contenu sur un filtre de papier gris; on lave exactement la fiole, et l'eau qui en provient est jetée également sur le filtre; quand celui-ci est bien égouté, on le fait sécher; on enlève exactement, à l'aide d'un couteau, toute la poussière noire qui est dessus; on traite cette poussière comme on a fait du noir animal dans la première opération, et la poussière enlevée sur le deuxième filtre et bien séchée est le poids exact de la matière charbonneuse que contient le noir que l'on examine (1).

Cette matière charbonneuse doit peser un gramme, et si l'on en trouvait une plus grande quantité, on pourrait en conclure qu'il a été mêlé au noir, soit du sable, soit toute autre matière insoluble dans l'acide nitrique.

Je conseille encore cette expérience : on place un petit creuset entre des charbons ardens ; l'on jette dans ce creuset dix grammes de noir en poudre fine, et l'on continue de chauffer, en ayant soin de remuer de tems en tems avec une verge de fer, jusqu'à ce que la poudre contenue dans le creuset devienne entièrement blanche.

Cette poudre doit avoir perdu à la calcination un dixième de son poids. On pour-

______

(1) Le noir animal que l'on révivifie, bien qu'il semble devoir contenir un peu plus de matière charbonneuse que le noir neuf, n'en offre pas à l'analyse des quantités plus considérables : on doit croire d'après cela qu'il faut une bien petite dose de principe colorant pour saturer, dans le noir, sa propriété décolorante.

rait croire que le noir est mélangé, si l'on ne trouvait pas cette proportion.

Dans cette expérience, toute la matière charbonneuse a été brûlée, la substance saline-terreuse sur laquelle le feu n'a aucune prise reste tout entière dans le creuset.

Quelques fabricans de sucre ont été jusqu'à dire que l'on rencontre, dans le commerce, des noirs qui ont servi, et que l'on ne s'est pas donné la peine de révivifier. Nous n'avons jamais été à même de vérifier ce fait; mais, si l'on rencontrait du noir qui fût dans ce cas, il serait facile de le reconnaître par l'expérience suivante :

Après avoir fait bouillir dans de l'eau, à trois ou quatre reprises, le noir suspecté, il faut le mettre de nouveau dans de l'eau propre, y ajouter, sur dix grammes de noir, deux grammes de potasse caustique (pierre à cautère des pharmacies), faire bouillir ce mélange pendant un quart d'heure, et le filtrer sur un papier gris préalablement lavé à l'eau chaude. Si le liquide qui passe au travers du papier est sensiblement coloré, nu doute que le noir qu'on examine a servi et n'a pas été révivifié, ou a été mal révivifié, et par conséquent il est impropre à la décoloration.

Pour compléter cette notice qui me paraît renfermer tout ce qu'il est nécessaire de connaître sur le noir animal, je présenterai sous la forme de résumé les principaux faits et les observations les plus importantes qu'il est bon de retenir :

Le noir d'os est parmi les substances décolorantes, celle dont l'action est la plus énergique sur les sirops, et rien ne peut remplacer cet agent dans le raffinage du sucre et dans la fabrication du sucre de betteraves :

Dans la fabrication du noir, il faut mettre beaucoup de soin à débarrasser les os des matières étrangères auxquelles ils sont mêlés :

Il est indispensable de se servir de vaisseaux bien clos pour calciner les os :

L'acide hydrochlorique employé convenablement, augmente singulièrement les propriétés docolorantes du noir animal :

Le noir animal agit sur le principe colorant en se combinant avec lui d'une manière intime ; il a la propriété d'enlever aux

sirops les substances alcalines qui leur don-
naient des propriétés embarrassantes dans
la fabrication :

La révivification du noir est une opération avantageuse pour les fabricans de sucre, et ils doivent la pratiquer eux-mêmes.
Une forte calcination est le seul moyen qui
puisse conduire à ce résultat :

Il est indispensable de mêler des os ou
du bois au noir pour rendre la révivification sûre et facile :

Pour révivifier le noir sans mélange d'os
ou de bois, il est indispensable de se servir
de creusets mobiles ( de cylindres ), mais
l'opération est plus coûteuse :

Si l'on a à révivifier des noirs qui ont
servi à décolorer des sirops alcalins, la calcination ne suffit pas, il faut encore faire
agir sur ce noir une petite quantité d'acide
hydrochlorique :

Les noirs factices, aussi bien que le
charbon végétal, ne peuvent remplacer
le noir d'os. Dans ces noirs, il y a une
agrégation trop forte des parties qui les
composent :

Les braises, les escarbilles ( braises de la

houille), n'ont d'effet sur les sirops que comme matières filtrantes :

Pour connaître la qualité du noir, il faut le traiter par l'acide nitrique, ou par la calcination dans un creuset ouvert :

Par l'acide nitrique mêlé d'eau, le noir doit donner un dixième de résidu insoluble dans cet acide.

A la calcination le noir de bonne qualité perd un dixième de son poids.

En faisant bouillir du noir neuf ou du noir révivifié avec de la potasse caustique, on obtient un liquide qui, filtré, est incolore. Si l'expérience se fait avec du noir qui a servi ou du noir mal révivifié, bien que lavé autant que possible, le liquide est coloré.

---

## OBSERVATIONS SUR LA CONSTRUCTION DU FOURNEAU.

Le dessus du four, au lieu d'être fait en voûte, est composé de barres de fer plat destinées à recevoir des briques qui à leur tour sont recouvertes de briquettes.

Les barres de fer posées de plat sont soutenues en dessous par des barres de fer placées de champ (de côté) tenues par des tirans qu'on attache à un point fixe au dessus du fourneau.

Lorsque la flamme et la chaleur sortent du four pour se rendre dans la cheminée, au lieu de monter de suite dans un conduit vertical, il faut leur faire suivre un conduit parallèle au four et de la même largeur. Ce conduit doit être soutenu par des barres de fer, mais comme la chaleur est moins forte que dans le four, il est inutile d'ajouter les barres de fer de champ et les tirans.

Toutes ces conditions sont destinées à composer une aire propre à faire sécher le noir lavé.

Plus la cheminée est éloignée du four plus on peut donner de longueur au séchoir.

En plaçant le cendrier et le foyer au-dessous du sol, il en résulte que le séchoir se trouve moins élevé, ce qui permet de remuer le noir que l'on place dessus, avec plus de facilité.

La porte par laquelle on entre les pots dans le four doit se boucher après que le

four est plein , avec des briques et de l'argile. Il serait bon de placer au milieu de
cette maçonnerie, qui doit se renouveller à
chaque opération, un cercle en fer battu de
quelques pouces de diamètre qui recevrait
une sorte de bouchon en tôle. Par ce moyen
on pourrait regarder aussi souvent qu'on
veut dans l'intérieur du four.

Quelque fois on remplace la porte en
briques par une porte en forte tôle, mais
dans ce cas il se perd plus de chaleur à
l'extérieur.

Pour accélérer le refroidissement du four,
il faut avoir une deuxième porte opposée à
celle par laquelle on entre les pots ; en ou-
vrant cette deuxième porte, l'air circule
dans l'intérieur du four, et la température
baisse beaucoup plus promptement.

Les pots représentés dans le dessin sont
trop hauts, ils doivent être dans des dimen-
sions telles qu'on puisse en mettre quatre
l'un sur l'autre.

Arras. — G. SOUQUET, imp. du *Propagateur*.

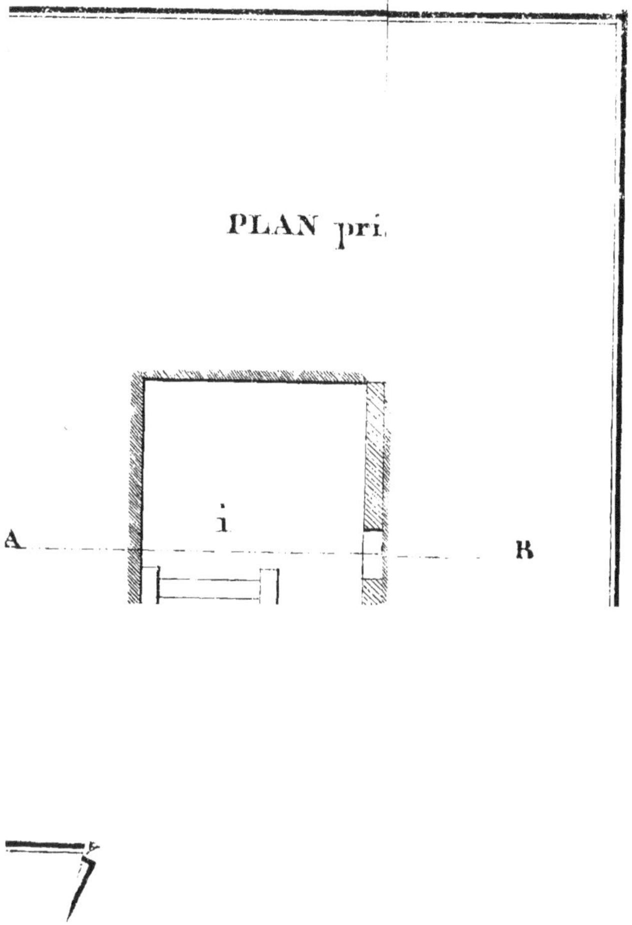

PLAN pri.
A
i
B

LÉGENDE.

a
b
c
d
e   Porte du Foyer f
f   Foyer
g
h   Cendrier
i
k
l
m
n
o
p
q
r

PLAN pris au-dessus du Fourneau

PLAN pris à la hauteur E F.

COUPE suivant la ligne C D

COUPE suivant la ligne A B

Echelle de 0<sup>m</sup>,02 pour un Mètre.

Bourgne del. 1846.    Lithographie par C. Janson.    Lith. de Chaumont et Cie.

www.ingramcontent.com/pod-product-compliance
Ingram Content Group UK Ltd.
Pitfield, Milton Keynes, MK11 3LW, UK
UKHW031807170726
13836UKWH00003B/1241